b ^{53} 1369

FARCE D'UN PATRIOTE

OU

CHRONIQUE JUDICIAIRE

TIRÉE DES REGISTRES

d'un Club qui s'était constitué en Jury.

Pour extrait conforme,

Le Citoyen DÉMOCRITE,

Rouge Coquelicot.

DOLE,

IMPRIMERIE DE A. PRUDONT.

1848.

PRÉFACE.

—

Démocrite n'est pas un de ces logiciens saugrenus qui aiment la République à l'état d'œuf, et qui l'étouffent, au sortir de la coque, ou du moins lui refusent le nécessaire, attendu que plus un systême est parfait, moins il est viable;

Ni un de ces niais, impies ou cagots, pour qui l'esprit religieux et l'esprit démocratique sont les deux antipodes;

Ni un de ces dynastiques par amour du despotisme, subitement épris de ferveur républicaine, à faire rougir les vieux profès;

Ni un homme au jargon libéral, mais aux doctrines et aux œuvres czariennes, qui sait vos pensées mieux que vous-même, et vous apprend, à votre grand étonnement, qu'elles sont toutes féodales, en dépit de votre conduite et de vos maximes parfaitement démocratiques;

Ni un lâche délateur semant la discorde, proscrivant comme ennemis de nos institutions, le clergé aujourd'hui, demain la noblesse, puis la bourgeoisie, puis la Garde nationale, c'est-à-dire tout le Peuple;

Ni un de ces charlatans qui disent de leur républicanisme, ce que dit de son thé un marchand suisse : c'est le seul véritable ;

Ni un de ces crieurs qui publient au son de trompe, leur opinion avancée, contrairement à l'habitude des gens sincères, lesquels ne font pas les républicains, mais se contentent de l'être ;

Ni un de ces ennemis du peuple déguisés en amis, qui s'attaquent premièrement aux doctrines faites pour le rehausser, le consoler, l'encourager et perpétuer son bonheur avec son être ; secondement aux institutions créées à son bénéfice, pour l'éducation de ses enfants, l'entretien de ses pauvres, le soulagement de ses malades ;

Ni une de ces natures orageuses qui poussent à la tempête, comme si elles avaient intérêt à l'eau trouble ;

Démocrite n'appartient ni aux minorités qui s'arrogent un pouvoir que n'ont pas même les majorités, en mettant celles-ci hors la loi commune de Liberté, de Fraternité, d'Égalité, par l'expulsion d'une autorité de leur goût, que cette autorité se nomme juge, préfet ou curé, le nom ne fait rien à l'affaire ;

Ni aux majorités locales qui, de la souveraineté concédée de Dieu au Peuple, en matière temporelle. concluent faussement à la souveraineté du Peuple, en matière spirituelle, et transforment leur droit de représentation, relativement au citoyen desservant, en pouvoir brutal d'expulser violemment celui-ci et de forcer la volonté de l'évêque diocésain ;

Ni aux humanitaires impérialistes, monarchistes, républicanissimes, qui se donnent la main pour démolir, croisent le fer pour la cueillette des débris, toujours au prix du sang et des sueurs du Peuple ; en quoi ils ne ressemblent pas mal à ces barons qui ruinaient leurs serfs et les faisaient tuer pour le passe-temps ou l'intérêt de leurs seigneuries.

Démocrite n'est pas un frère à la façon de Caïn ; il proscrit les canons, les coups de poings, les paroles rouges comme le sang, affilées comme un glaive, pour vider les querelles de famille. C'est en riant à faire craquer la courroie de sa blouse citoyenne qu'il résout les problêmes les plus ardus : guerre de propagande, confiscation des propriétés, divorce, matéria-

lisme de Baset haut lieu , préjudice causé
à la République par la peur des uns , les
utopies des autres , les divers partis avec
leur triple fraction menaçante , aboyante,
exécutante.

Il n'est pas un despote en bonnet phry-
gien , puisqu'il rit innocemment de l'o-
pinion d'autrui, et permet que l'on rie
innocemment de la sienne.

Il n'est pas un aristocrate avec cette devise : Égalité! Ne pouvant élever son esprit plébéien ni celui des masses à la hau-
teur des privilégiés de la science; ne pouvant non plus abaisser ceux-ci à son ni-
veau, et désirant toutefois initier le peuple
aux questions dont ils avaient le monopole
de la solution, Démocrite a adopté pour
moyen terme le style de la classe chétive,
à laquelle il a l'honneur d'appartenir, par
ses facultés originelles et sa science d'ac-
quisition.

Il n'est pas un égoïste sous le masque
du dévoûment. Pour ne pas bénéficier sur
le Peuple dont le corps est transparent de
maigreur, il a calculé si juste le prix de
sa *Chronique*, qu'au cas où tous les exem-
plaires sortiraient du magasin, il ne ferait

pas un profit à-pouvoir, en manière d'extrà, ajouter une douzaine d'olives autour de son bifteck.

Si Démocrite n'est ni l'une ni l'autre de ces quinze à vingt variétés républicaines sus estampillées, qu'est-il donc? Un démocrate vulgaire et prosaïque à qui rien ne plaît de ce qui déplaît au Peuple; à qui les dix lois du Décalogue, notamment la septième contre les spoliateurs, la huitième contre les menteurs, paraissent encore trop de saison pour qu'on les rapporte. De toutes les cases du grand échiquier républicain, voilà la seule qu'il ambitionne.

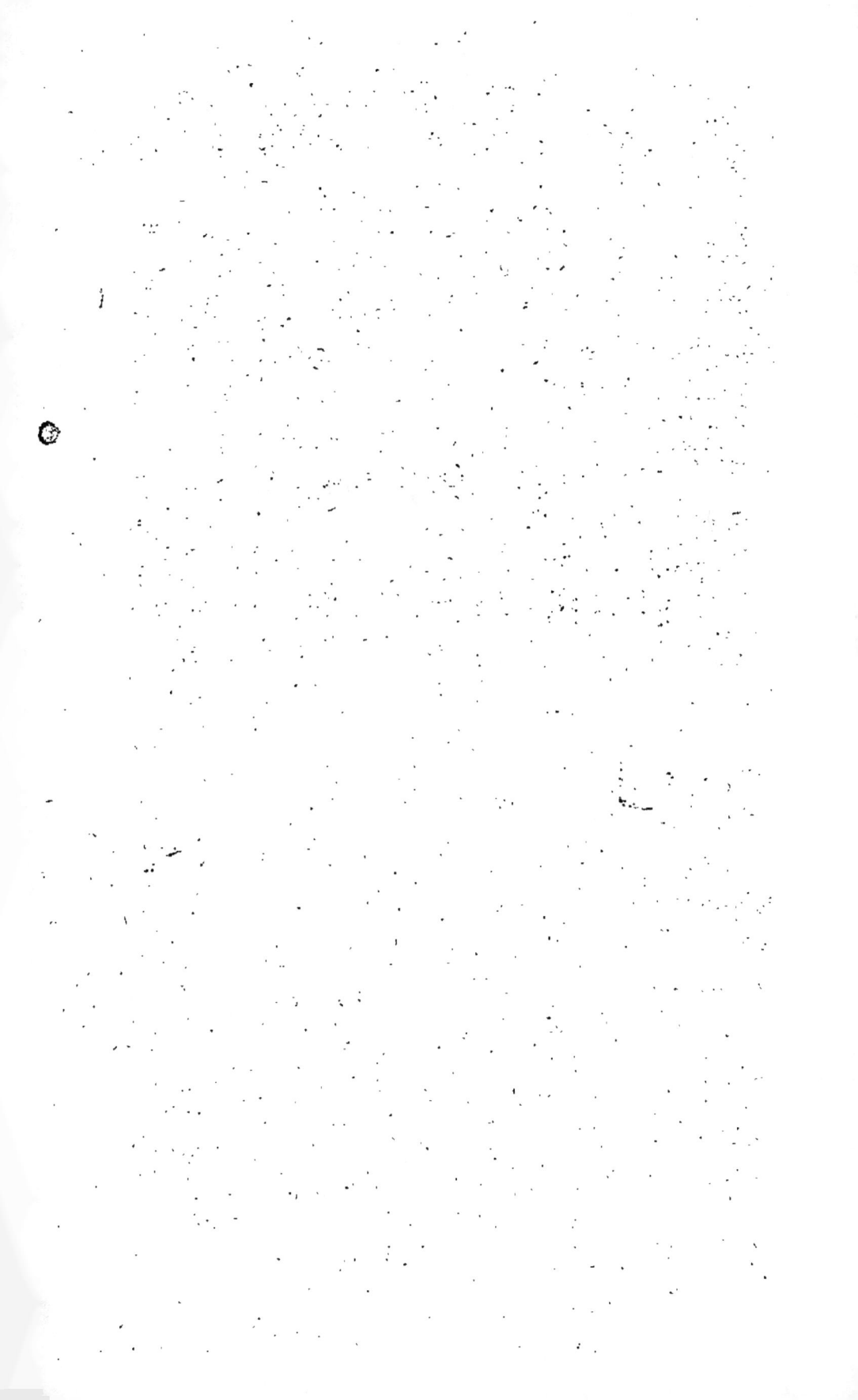

La Séance se tient au grand air.

PERSONNAGES :

Le Président.
Le Procureur.
L'Huissier.
Le Défenseur.
Un Médecin craniologue, ou Inspecteur de crânes.
Jurés.
Gardes nationaux.
Prévenus.
Une foule de Citoyens et de Citoyennes.

Le président. Citoyens jurés, relever la dignité humaine en chaque nature individuelle, signaler le nom français à l'admiration de toute la terre, porter l'aisance sur les points divers de notre territoire; voilà quel était le noble et triple but de notre jeune République. Elle était capable de le réaliser, et déjà elle l'aurait fait, en partie, sans les réactionnaires et les émeutiers qui vont le chemin de nous faire faire un jeûne perpétuel, sans les trembleurs et les spadassins toujours prêts à nous livrer aux risées de l'Europe, les premiers par leur couardise; les seconds, par leur humeur pourfendante; sans les excentriques monarchistes et antimonarchistes dont les idées étroites tendent à dépraver nos mœurs libérales, et à nous faire reculer jusqu'à la barbarie des temps despotiques. Vous aurez à apprécier tout à l'heure les actes et les paroles de ces divers égarés, au cœur si peu républicain qu'ils ne sont nullement émus des cris et des pleurs de notre chère patrie, leur mère et la nôtre.

Citoyens, en âge de voter, vous êtes tous magistrats, selon le bon mot de Lamartine. Cette parole vous va je le vois, vous redressez la tête avec une noble fierté, je vous approuve. Mais un magistrat, digne de ce nom, qu'est-ce que c'est? C'est un homme qui ne fait acception de personne; qui ne voit dans les citoyens ni parent, ni étranger, ni ami, ni ennemi; mais des égaux. C'est un homme intègre, il juge d'après la loi, jamais d'après ses opinions particulières. C'est un homme calme il n'a ni colère au cœur, ni insulte à la bouche, contre qui que ce soit. C'est un homme ferme, il réprime le désordre d'où qu'il vienne, même au péril de sa vie. C'est un homme exemplaire, il est dans sa conduite privée, juste comme la justice qu'il est appelé à défendre.

Citoyens magistrats, juges ou jurés, car c'est tout un, magistrature oblige. Etes-vous républicains de la veille ou du lendemain ; républicains attardés, tièdes ou fervents? Ne ju-

gez point les accusés au point de vue de votre
opinion personnelle, vous feriez du despotisme
et de la réaction ; jugez les au point de vue de la loi
de fraternité. Êtes-vous peu maîtres de vous-
mêmes? Votre sang bouillonne-t-il à l'aspect
des prévenus? Récusez-vous, sinon, écoutez chacun d'eux avec calme, patience et bonté ; toute
parole qui tendrait à les mettre en suspicion,
qui les signalerait à la haine publique, serait
la parole d'un bourreau plutôt que d'un magistrat. Alliez la fermeté à la douceur, et sa-
chez mourir, s'il le faut, pour le salut de la
patrie. Surtout, ne venez pas vous asseoir parmi les juges, si vous n'avez d'amour que pour
vous-mêmes; de fraternité que pour les vôtres;
si dans le nombre des citoyens appelés à re-
cueillir les bénéfices de la liberté et de l'égalité, vous ne comprenez pas tous les hommes,
même votre rival et votre ennemi. Que celui
dont la conduite est en contradiction avec notre triple maxime républicaine, se retire, je
l'en conjure; il a affaire à des gaillards qui ne
se refuseraient pas le plaisir de le démasquer.
(Rire général au banc des accusés.) — Citoyen
huissier, voyez d'où vient ce bruit qui porte le
trouble dans l'assemblée.

Le citoyen huissier. Ce n'est pas une émeute,
digne président, c'est, (il rit) excusez-moi; (il
rit plus fort et toute l'assemblée avec lui) c'est
un certain nombre de nos magistrats qui, à
l'audition de votre petite morale, ont détalé

prudemment les uns après les autres, comme les pharisiens quand le bon Jésus traçait sur le sable ces belles paroles : Que celui d'entre vous qui est innocent du crime que vous reprochez à cette pauvre femme, que celui-là lui jette la première pierre. (Grande hilarité.) Silence! citoyens, rire passe! mais il ne faut pas faire concurrence de caquet avec vos chères moitiés. Pardon, citoyennes, je ne croyais pas qu'il y eût des dames dans l'assemblée. — Silence! encore une fois, citoyens, juges, jurés. Ce que c'est qu'un peuple en goguettes! on ferait plutôt taire un avocat. — Pardon, citoyen défenseur, j'avais oublié que vous étiez là. (Les rires redoublent).

Le président. Citoyen défenseur, si vous avez à faire, avant l'ouverture des débats, quelque observation dans l'intérêt des accusés, vous avez la parole.

Le défenseur. La guerre des sabres a toujours enfanté des maladies contagieuses, depuis l'an 1160 avant notre Seigneur, époque où les Philistins, à la suite de leurs démêlés avec les Juifs, furent pris des hémorroïdes jusqu'au 19ᵉ siècle, qui a vu maintes fois nos braves soldats attraper la diarrhée, à la chasse des Bédouins. Or, la guerre des idées est grosse aussi d'épidémies, mais d'un autre genre : ici, c'est le cerveau qui est le siége de l'affection, et quand un cas se déclare, en un clin d'œil vingt crânes tournent. N'en soyez pas étonnés, citoyens, et

ne vous hâtez pas de répondre de vos têtes.
C'est un fait que tous les hommes sont préoc-
cupés, surexcités par la pensée qui agite leur
siècle entre les uns et les autres, il n'y a de
différence que du plus au moins. De là ces
vers de notre bon fabuliste :

Le monde est plein de fous, et qui n'en veut point voir,

Doit s'enfermer tout seul et casser son miroir.

J'avais besoin de constater ce fait qui ne
peut blesser personne, puisqu'il concerne tout
le monde, pour vous empêcher de tirer une
conclusion trop rigoureuse contre les personnes
que je viens défendre, par tels moyens que je
jugerai convenir.

La guerre des idées faisant fermenter toutes
les têtes à un certain degré ; d'autre part, la
République, miséricordieuse parce qu'elle est
forte, devant élargir encore le cercle des circonstances atténuantes, déjà passablement ouvert sous la monarchie constitutionnelle, je
demande, au nom des prévenus avec qui j'en
ai conféré, je demande qu'il ne soit procédé
contre aucun d'eux, avant qu'un médecin *céré-
bricure* ou craniologue, n'ait examiné son état
mental ; attendu que dans les fautes commises
par aberration d'esprit, il y a moins de vo-
lontaire. (Rire général auquel les accusés pren-
nent une large part.)

Le président. Malgré le caractère singulier
de votre motion, citoyen défenseur, il suffit

qu'elle soit favorable aux accusés pour que nous nous empressions de l'accueillir.

Le procureur. Vous serez étonnés comme moi, citoyens, de voir au banc des accusés la femme Jeanne Modèle, connue dans tout le bourg pour son intelligence, sa charité, sa franche sagesse. On l'a trouvée au milieu d'un groupe d'émeutiers, on a dû l'arrêter avec eux ; je répondrais de son innocence, au reste vous pouvez l'interroger.

Le président. Digne citoyenne, veuillez répondre à quelques questions. Est-il vrai qu'avant-hier vous avez reçu une députation qui a causé un certain émoi? Nous nous rapporterons à votre parole, vous êtes connue.

La citoyenne Modèle. Je remercie MM. le président et le procureur de leur confiance en moi, je voudrais la mériter. Il est vrai qu'avant-hier j'ai reçu une députation, voici à quel sujet Le bruit ayant couru que les femmes et les filles du bourg ouvriraient un club, un certain nombre de chefs de famille accoururent auprès de moi et ils me dirent tout épouvantés : Si nos compagnes se mêlent de politique, qui donc raccommodera nos vêtements, bercera nos petits, mettra le potage au feu et lavera la vaisselle? Si elles vont prendre au club une recrudescence d'humeur causante, comment à leur retour, tiendrons-nous au logis? S'il faut, et il le faudra, enrégimenter une partie d'entr'elles pour tenir les autres en respect.

quelles façons elles vont prendre? Mon Dieu! bonne Modèle, nous aimons nos femmes qui restent dans leur limite, douces, modestes ; mais vous figurez-vous quelque chose d'horrible, comme un être qui sort de sa nature, par exemple, comme une fauvette au miaulement du chat, une brebis aux airs du tigre ! J'étais émue de leur douleur, et sans balancer, je courus au club féminin, surnommé des *raquettes*. (On rit).

Le président. C'est du dévouement, brave citoyenne, je vous félicite ; et au club que se passât-il ?

La citoyenne Modèle. Je trouvai les têtes plus échauffées que je n'aurais cru. On parlait d'émancipation, d'affranchissement, on voulait que la femme fut admise aux votes, aux emplois, etc. Je fis comprendre aux épouses et aux mères que la République, en travaillant au bonheur de leur mari et de leurs enfants, travaillait pour leur bonheur à elles ; aux filles qu'elles seraient heureuses du bien-être de leurs frères et de leurs parents, et au surplus que l'état s'occupait d'elles, par cela seul qu'il s'occupait du sort des jeunes gens à qui elles uniraient un jour leur destinée. Sur ce, toutes crièrent : Vive la République! (On rit.) Je leur fis comprendre ensuite que la grandeur de la femme, comme toute véritable grandeur, consistait dans l'accomplissement des fonctions et des devoirs les plus obscurs. Je le dis à leur

honneur, elles m'écoutèrent avec beaucoup
d'attention et décrétèrent spontanément la fermeture du club.

Le président. Savez-vous, bonne femme, que
vous avez fait là une belle œuvre ; vous avez
sauvé la moitié du genre humain, la précieuse
espèce féminine, je vous en remercie au nom
de l'espèce masculine. N'avez-vous pas reçu
aussi une seconde députation ?

La femme Modèle. Oui, M. le président. Cette
fois c'étaient les femmes, qui après m'avoir té-
moigné leur reconnaissance, m'apprirent en
sanglottant, que leurs fils et leurs maris vi-
vaient dans l'oisiveté, tiraient le commerce à
bas, dépensaient sans produire, et que le lendemain ils tiendraient un club, où s'agiteraient
des questions menaçantes pour le bonheur des
familles. Je les consolai de mon mieux, et
leur promis de faire auprès des hommes, ce
que j'avais fait auprès d'elles.

J'espérais réussir. Mon grand âge d'abord,
les faibles services que j'ai pu rendre au pays,
la bienveillance générale qu'on me témoigne,
me donnaient cette confiance.

Le lendemain donc, je partis pour le club
dit des *Voraces.* Chemin faisant, je trouvai un
ouvrier qui avait déjà perdu le quart de sa
journée à cancaner, un brocanteur qui cou-
rait de groupe en groupe publier les nouvelles
les plus alarmantes, puis, un citoyen qui avait
bu dans un repas, autant qu'un autre dans

quatre, à en juger du moins par les oscilla-
tions de son corps, allant de çà et dé là comme
un arbre battu par le vent. Je dis au premier :
A ton rabot, fainéant! est-ce en te croisant
les bras que tu trouveras du pain pour toi, ta
femme et tes enfants? Je dis au second : Aveugle que tu es! est-ce pour attirer les acheteurs
à ton bazar, que tu répands les bruits les plus
sinistres? Je dis au troisième que ses parte-
naires avaient rejoint : Vous êtes curieux, mes
amis, depuis bientôt trois mois, vous ne faites
autre chose que jaser, médire; vous décrier
mutuellement. Jadis vous reprochiez cela aux
femmes, vous nous avez surpassées assurément; c'est-à-dire que vous êtes devenus femmes et que nous sommes devenues hommes. Ce
n'est pas tout, vous vous gorgez, tandis que
votre famille n'a rien à mettre sous sa dent.
Les fameux républicains que vous me faites!
Au lit! et au plus vite, si vous ne voulez pas
chômer demain et votre estomac aussi.

Ils s'en retournaient paisiblement chez eux,
lorsque je me trouvai en face du club. Mon
entrée causa une certaine surprise, mais le
premier mouvement passé, je fus entourée de
bienveillance.

Le président. Vous avez beaucoup de sens;
pourriez-vous me répéter ce qui s'est dit dans
l'assemblée?

La femme Modèle. Je réclame votre indulgence et celle du public, une pauvre femme

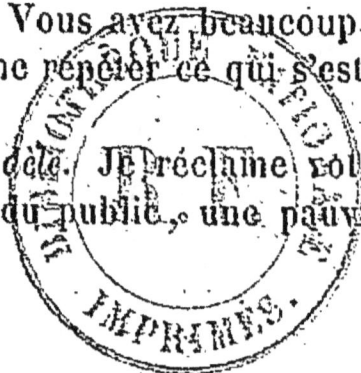

n'entend rien aux analyses. (L'attention redouble). Quatre orateurs ont occupé la tribune
successivement. Le premier, sorte de Don
Quichotte, voulait marcher, dès le soir même,
contre l'Autriche, la Prusse, l'Angleterre, la
Russie, la Turquie, la Chine, la reine Poma-
ré. Je ne sais qui lui a répondu que la France
devait laisser les autres maîtres chez eux, pour
rester maîtresse chez elle ; que la guerre entreprise avec justice et raison, pouvait compter
sur la bénédiction de Dieu et les sympathies des
étrangers, mais que la guerre déraisonnable
et injuste avait le ciel et la terre contre elle ;
que la victoire, à la fin du compte, restait
toujours au plus grand nombre ; attendu qu'où
il y a mille combattants contre dix, sur neuf
victoires que gagnent ceux-ci, ne perdissent-
ils par fois qu'un seul homme, il ne demeure
plus qu'un combattant, tandis que les autres,
après les neuf batailles perdues, eussent-ils
eu cent morts à chaque affaire, se trouvent
encore dix fois dix contre un seul.

Le second orateur, autant que j'ai pu comprendre, s'est escrimé à démontrer que l'État
devait se charger 1º des diverses industries et
du commerce ; 2º imposer progressivement
les propriétés, de façon que les biens, meu-
bles, immeubles et numéraire, allassent s'en-
gouffrer chez lui ; puis en échange de sa propriété chaque citoyen recevrait de l'État une
tâche quelconque de travail ; et en sus du

pain, du vin, de la viande, une camisole, un
lit, une baraque. Halte-là! se sont écriés plus
de cent hommes à la fois. Vous nous faites
faire là un pas d'écrevisse, citoyen orateur.
Nous savions bien que tout chemin menait à
Rome, mais nous ne savions pas qu'une République de votre façon menait droit à la
féodalité. Ainsi donc, il n'y aura plus qu'un
propriétaire, l'État; il sera le grand seigneur
feudataire et nous serons ses serfs à la glèbe!
c'est faire de lui un marquis de Carabas. A ce
dernier mot, tout le monde a entonné avec
une sorte de colère frénétique la fameuse
chanson :

> Chapeau bas! chapeau bas!
> Gloire au marquis de Carabas!

(A l'exemple du club, toute l'assemblée répète d'une voix tonnante la maligne chanson
de Béranger).

Le Président. Pendant que le peuple protes-
tait, en chantant, contre le grand et unique
propriétaire, on m'a remis une plainte contre
vous, bonne femme. Vous avez parlé au club?

La femme Modèle. Oui, M. le Président,
en deux fois.

Le Président. La première fois, à quelle
occasion?

La femme Modèle. Un grand diable d'orateur
qui a plus d'écus que de raison; qui se donne
de grands airs républicains, assez peu natu-

rels malheureusèment pour lui; qui reproche à Louis-Philippe d'avoir violé maintes fois la Charte et demandé aux Chambres l'absolution de ses mensonges; ce grand diable d'orateur manque de parole à sa femme et voudrait faire sanctionner par le pays son parjure, au moyen d'une loi sur le divorce.

Le Président. Et cela sans doute vous a indignée?

La femme Modèle. Oui, M. le Président, car la question me touchait de près. Je comprends, voyez-vous, que les juifs d'autrefois, à la tête et au cœur durs, que les payens, à l'imagination déréglée et aux tendances bestiales, aient attenté au mariage; mais que des Français en fassent autant, eux qui ont la réputation de voir juste et de bien sentir, cela me passe. (Attention religieuse). Je comprends que des peuples naissants, volages et capricieux, comme on l'est dans l'enfance, changent de femmes ainsi qu'un moutard de joujous; mais une nation majeure, mûre, ne peut en venir là, où sa maturité n'est qu'une décrépitude, un retour au bas âge.

Je comprends le divorce chez les nations despotiques de l'antiquité, où la femme était mise par le législateur au rang, non pas des personnes, mais des *choses*; où un philosophe grec assimilait ses propres enfants à la *vermine;* où nul homme n'aurait pu aspirer même au titre de roi des animaux, vu qu'au rebours du lion magnanime qui épargne un adversaire impuissant, l'engeance masculine s'attaquait toujours à ce qu'il y avait de plus faible, à la femme et à l'enfant. Comment voulez-vous que je comprenne le divorce chez des républicains généreux, qui se posent en héritiers de la chevalerie, en redresseurs de torts et protecteurs des opprimés?

Je comprends le divorce en pays barbare, étranger aux notions de la famille; je ne le comprends pas en France, au xixe siècle, en république, avec cette foule de citoyens qui se donnent pour l'avant-garde de la civilisation, et les porte-flambeaux de la science.

J'aurais compris le divorce au temps de la féodalité et même de la bourgeoisie, à cause de certaines anecdotes peu édifiantes, à cause que l'inconstance et l'adultère sont la tentation des oisifs et des rassasiés, à cause qu'à ces deux époques on ne se faisait pas faute de lois exceptionnelles, et que le divorce est une de ces lois; car, bien qu'établi pour tous, il ne profiterait de fait qu'aux heureux du siècle, le peuple ayant autre chose à faire qu'à se promener, en sultan, à la recherche d'une cinquième ou dixième femme. Mais qui pourrait s'attendre à une loi de privilége, dans une époque où l'on dit que tout le monde est peuple, que tout le monde a des mœurs par conséquent, car le peuple en a; il est trop accablé de labeur pour se dépraver par l'ennui, trop habitué à se commander pour ne pas étouffer un penchant criminel dans son germe, trop patient pour ne pas supporter les charges de la famille; trop bon père, trop bon époux, pour prodiguer le premier titre et mentir au second. Est-ce donc qu'en réalité tout le monde ne serait pas peuple? Est-ce qu'il y aurait encore une caste de seigneurs ou de bourgeois?

Ce n'est pas que je ne comprenne parfaitement qu'il peut y avoir des républicains mal pourvus en fait de compagne; je les plains de toute mon âme. Mais quand on est sincèrement démocrate, qu'on ne peut remédier à un mal personnel que par le malheur du peuple, comme il arriverait par le divorce, qui désorganiserait la famille, et sacrifierait en sus les êtres les plus faibles de la société, l'enfant et la femme, ne serait-ce pas le cas de mettre en pratique ces sages maximes que l'on nous corne si souvent aux oreilles : Citoyens, faites taire vos instincts égoïstes, sacrifiez au bien général votre intérêt particulier.

On a dit méchamment, je le suppose, que la contrainte par corps avait été abolie dans un avantage privé. Le projet du divorce serait-il soupçonné aussi de naissance illégitime!

J'estime trop le citoyen Lamartine pour croire qu'il ait voulu parler du divorce, à propos de *cette vérité philosophique nouvelle*, dont chaque révolution doit, selon lui, doter l'hunianité. Il serait trop plaisant de dire au peuple : Tu as versé ton sang en février; tu as supporté héroïquement trois mois et plus de souffrances et de misères, pour procurer à monsieur un tel l'avantage d'échanger madame une telle contre madame une autre.

Que la République, en preuve de son respect pour la liberté des cultes, n'en adopte aucun en particulier, une femme le conçoit. Mais au lieu de s'abandonner à l'impulsion de l'esprit chrétien, qui, de l'aveu universel, a engendré toutes les libertés et contient en germe tous les progrès, que l'on fronde cyniquement les mœurs de l'Europe, pour nous rejeter d'un seul bond de deux mille ans en arrière, c'est à ne plus s'y reconnaître. (Tonnerre d'applaudissements).

Un Juré. Ah! ah! vous n'y voyez goutte, la bonne; ni moi non plus. Si j'y comprends quelque chose : *Je veux, oui je veux que le diable m'emporte.*

Un autre Juré. Gouvernement provisoire! femme provisoire! mari provisoire! enfants provisoires! Tout est provisoire. Vive le provisoire!

Un troisième Juré. Nom d'un nom! quels bons pères du peuple ils vont être ces citoyens divorceurs qui abandonnent les enfants de leurs entrailles!

Un quatrième Juré. Les marquis du bon vieux temps, pour procurer un doux sommeil à leur femme, envoyaient de nuit le peuple battre les étangs; aujourd'hui les barons de l'incontinence ordonnent au peuple de se faire tuer, pour jeter leur moitié à la rue. Vive le progrès!

Le Président. Avez-vous, femme Modèle, injurié le citoyen dont la plainte, comme je vous l'ai dit, vient de m'être remise à l'instant?

La femme Modèle. Non, assurément, M. le Président. Voici, je le pense du moins, ce que le plaignant a voulu dire.

Le dédain avec lequel on avait écouté sa tirade contre l'indissolubilité du mariage, avait exaspéré son âme; au lieu d'ajourner sa réponse, il court à la tribune, s'y pose magistralement, puis avec un ton solennel de première classe, il déclare crûment que le divorce était le premier pas pour réorganiser la famille, de telle sorte que la femme n'ait plus de mari ni d'enfants à elle, et que le cas pût échoir où une fille deviendrait la femme passagère de son papa et un garçon le mari passager de sa maman. — Un hourra terrible partit de tous les coins de la salle. Je n'y pris aucune part, mais je dis à ce pauvre égaré: vous appelez votre projet la réorganisation de la famille, dites plutôt sa destruction. Quoi! vous comparez la race humaine à un troupeau! Est-ce pour la relever? Est-ce là ce que vous appelez du progrès? Si la femme n'a plus de mari, d'enfants à elle, donc votre père n'est plus qu'un cheval, votre mère qu'une pouliche, vous-même qu'un de ses *petits*, elle ne vous a pas mis au monde, elle vous a *mis bas*. Quand je vois des hommes si fiers de leur talent et de leur science, outrager à ce point la raison et la nature; je cherche le signe de souveraineté que le Créateur, dit-on, avait mis sur leur front. — Pardon, Citoyens, je ne parle pas pour vous qui ne méprisez ni votre mère, ni votre épouse, ni vos sœurs, ni vos filles; — ce signe, je ne le trouve plus chez eux, ils ont abdiqué, et je suis presque sur le point de me ranger à l'avis de mes compagnes, de faire valoir les droits de mon sexe à la succession; car jamais la femme ne se laissera abrutir, jamais elle ne sera à d'autres qu'à son mari et à ses enfants. (Explosion d'applaudissements).

Le Président. Votre cœur vous a bien inspirée, Jeanne Modèle; où donc avez-vous pris ce que vous avez dit?

La femme Modèle. Dans mon catéchisme, M. le Président.

Le Président. Je voudrais le savoir aussi bien que vous. — Racontez-nous maintenant à quelle occasion vous avez pris la parole une seconde fois.

La femme Modèle. C'était dans le but de ramener à la décence et à la vérité un républicain débraillé, pour qui les événements de février ne sont autre chose que la défaite de

Dieu et le droit conquis par le peuple de blasphêmer.

Le Président. Feriez-vous à l'assemblée et à moi le plaisir de répéter ce que vous avez dit?

La femme Modèle. Oui, M. le Président. (Mouvement de curiosité). J'ai dit des choses bien simples, mais étranges au premier aspect; savoir: que le blasphémateur n'avait pas une seule goutte de sang républicain dans les veines.

Le Président, avec un vif intérêt. Est-ce que vous voyez du rapport entre l'esprit religieux et républicain, entre l'esprit absolutiste et irréligieux?

La femme Modèle. Sans doute, M. le Président. (L'attention redouble). J'ai toujours remarqué, depuis tantôt 50 ans, que les citoyens dont le joug est léger à leur famille, à leurs inférieurs, à leurs égaux, avaient tous le sentiment religieux développé à un certain degré; mais que les hommes qui écrasent de leur autorité leurs voisins, leurs compatriotes, leur femme, leurs enfants, étaient plus ou moins hostiles à toute croyance. Et cela ne m'étonne pas : la religion est justice et charité; où donc elle règne, il règne une loi de charité et de justice; où elle ne règne pas, c'est la force qui gouverne, mais la force c'est ce que vous appelez despotisme, vous autres hommes. J'ai lu dans l'histoire de l'Ancien et du Nouveau Testament, que les martyrs ne reculaient

jamais devant aucun despote pour sauver leur
tête, mais que plusieurs de leurs contempo-
rains préféraient plier à être brisés. J'ai lu
dans l'Histoire profane, que les tyrans étouf-
faient toute pensée de liberté chez leurs nationaux ou les étrangers qu'ils avaient soumis,
en les plongeant dans les plaisirs sensuels et
la corruption ; mais qu'ils échouaient auprès
de tous ceux qui ne buvaient pas à la coupe
empoisonnée des jouissances charnelles. J'ai
lu dernièrement dans les gazettes que les braves séminaristes italiens avaient échangé leurs
livres contre des mousquets pour voler au secours de leur pays, et que certains dandys se
contentaient de se promener dans une gon-
dole, la cocarde nationale au chapeau. Pourquoi, me suis-je demandé, tant d'abnégation
et de courage d'une part, tant d'égoïsme et
de poltronnerie de l'autre ? J'ai regardé les
lâches et les égoïstes, le corps y gouvernait
l'âme ; j'ai regardé les hommes de courage et
de dévoûment, l'âme y gouvernait le corps,
et j'ai eu ma réponse. S'il fallait rechercher
la raison de la différence, un enfant la trouverait. Quand la religion s'en va du cœur d'un
homme, c'est l'âme qui décampe ; quand l'âme
a décampé, il n'y a plus que le corps qui
reste ; quand il ne reste plus que le corps,
l'homme est animal ; vivre, manger, dormir
lui suffit : on ne peut plus s'adresser à sa raison, à ses nobles sentiments, on le conduit

comme le bœuf par une bonne ration à l'étable, quand il a obéi ; par le fouet quand il regimbe.

Permettez-moi de tirer la chose encore plus au clair. Si je ne me trompe, deux choses constituent le vrai républicanisme : l'indépendance et la générosité du caractère ; l'indépendance qui ne baisse jamais le dos devant aucun ennemi de nos libertés, soit étranger ou menaçant le territoire, soit intérieur ou menaçant quelques-uns de nos droits ; la générosité qui nous arme de dévoûment et de courage. Or, l'homme de chair n'ayant ni indépendance d'esprit, ni générosité de cœur, toute doctrine qui, comme l'impiété, corporifie l'âme, dégrade l'homme par le fait, le dérépublicanise, le dresse au service du despotisme ; toute doctrine au contraire, qui, comme le christianisme, dégage l'âme des étreintes de la chair, élève l'homme et en fait, par son indépendance et sa générosité, le modèle des démocrates.

Moquez-vous après cela de notre doctrine spiritualiste, de nos jeûnes, mortifications etc., qui, nous affranchissant raisonnablement du corps, forment nos âmes à la républicaine, je vous pardonnerai si vous êtes un viveur, un dynastique gaucher ou juste-milieu ; mais si vous êtes démocrate, pour l'honneur de votre judiciaire, taisez-vous. — J'ai remarqué qu'en République, on fait appel au dévoûment des riches pour qu'ils se prêtent à l'amélioration des classes faibles; au dévoûment des travailleurs pour qu'ils modèrent leurs prétentions; au dévoûment des gardes nationaux, pour qu'ils se fassent tirer des coups de fusil sans riposter; au dévoûment des agitateurs, pour comprimer leur exaltation; au dévoûment des républicains à toutes nuances, pour oublier leurs différents dans l'intérêt de la patrie; au dévoûment des employés pour qu'ils ne nous fassent pas la queue ni en matière d'élection, ni en matière de finance, ni en matière de nomination aux emplois; au dévoûment des patriotes injustement dépopularisés, pour continuer au pays l'amour que le pays leur retire; au dévoûment des citoyens de toute classe pour déposer toute haine, toute envie, et pratiquer la fraternité; pour combattre toute tentation de s'agrandir, de s'élever aux dépens d'autrui, et sauve-garder l'égalité; pour réprimer la plus petite velléité de domination, et doter la fraternité d'une longue vie. Or, pour se dévouer ou s'immoler, il faut du courage, et où le puiser sinon dans l'esprit religieux? Ici les faits s'accordent avec la raison. Vous dites quelquefois, et je vous en sais grâce, que notre sexe est d'un naturel généreux, qu'il est tout cœur; c'est qu'il est d'un naturel religieux.

Je trouvais tout simple qu'un citoyen ne

voulût point de religion pour lui-même, c'était le droit du diable, c'est celui de l'homme. Mais qu'un républicain pur sang ne souffre pas que les autres aient de la religion, je m'étonnais, je soupçonnais du mystère là-dessous, je cherchais pourquoi, et quand une femme cherche un secret, il est rare si elle ne le trouve. Or, me dis-je en moi-même, il y a des cas où il faut être à deux et à trois, plus ou moins, pour voler ou faire toute autre vilaine chose, donc il faut avoir des complices et commencer par leur ôter la religion qui leur crie : halte-là ! — Quand on est seul à-peu-près sans religion, on fait saillie, on a honte comme un forçat dans une compagnie d'honnêtes gens ; mais plus on est de monde pour partager cette honte, moins elle pèse.

Pour en finir avec l'orateur qui est le voisin le plus singulier, l'ami le plus indéchiffrable, le mari le plus taquin, le père le plus original, l'impie le plus étonnant, que je connaisse à dix lieues à la ronde, je l'apostrophai en ces termes d'un style qu'il pût comprendre : Je te connais drôle ! je lis dans ton cœur, voici comment tu raisonnes : s'il n'y a point de religion, je n'ai point d'âme, si je n'ai point d'âme, je suis une bête, si je suis une bête je peux vivre en bête, prendre mon plaisir, satisfaire mon appétit, comme bon me semblera, pourvu que je sois le plus fort. — Au ratelier ! mon garçon, puisque cela te va : pour nous, pauvres femmes, nous ne vivons pas que de pain ou de foin, nous vivons de la tête et du cœur. (Unanimes et longs applaudissements).

Le Président. Attendu votre âge, citoyenne Modèle, attendu la grossière éducation de l'orateur à qui vous avez répondu, nous le déboutons de sa plainte, quant à ce qui vous concerne. — Mais est-il à votre connaissance qu'il ait été injurié au club des *voraces?*

La femme Modèle. Oui, M. le Président. Le pauvre homme s'étant répandu en invectives contre diverses personnes, dont il était le débiteur à divers titres, notamment contre le citoyen qui l'a baptisé, instruit, consolé etc., la grand-mère de l'orateur s'est écriée, avec des larmes dans la voix : Plaignez-moi, mes amis; ma vache est plus heureuse que moi, elle a un veau qui vient me lécher la main, parce que je lui ai donné une poignée de sel, et mon petit-fils lève le pied contre ses bien-faiteurs!

Ce qui l'a le plus vexé, c'est un feu de file de plaisanteries plus ou moins irrépréhensibles de la part d'illettrés.

Avez-vous entendu? s'est écrié un citoyen. Il n'y a pas une personne du bourg à qui l'orateur n'ait jeté des gorgées de fiel.

Un autre a repris : C'est un serpent, au souffle empesté, on ne saurait vivre dans son voisinage.

C'est bon à savoir, exclamait un troisième :

on n'approchera le citoyen reptile qu'avec un mouchoir de soie pour lui mettre sous la dent.

Voilà tout, M. le Président, je n'ai plus rien à dire.

Le Président. Comment avez-vous été arrêtée?

La citoyenne Modèle. En sortant du club, je trouvai les émeutiers et j'allai droit à eux pour les inviter à se retirer. Tandis que je devisais, tantôt avec l'un, tantôt avec l'autre, la police arriva et nous écroua de compagnie.

Le Président, avec bonté. Si quelque chose peut vous consoler, Citoyenne, de l'erreur commise à votre égard, c'est l'estime que vous nous inspirez; vous pouvez vous retirer.

Le Procureur. J'ai partagé les prévenus en trois catégories. Dans la première figurent ceux dont la culpabilité est difficile à saisir, à préciser. Ils sont cinq: les trois-frères Braillard; le citoyen Misantropomane et le citoyen Tartuffe.

Les trois frères Braillard sont des originaux à ravir. Le seul point où ils tombent d'accord, c'est à trembler constamment pour le salut de la République, ce qui prouve, soit dit en passant, qu'ils n'ont pas assez de confiance en elle. Mais quand ils recherchent d'où vient le danger, les voilà qui se séparent pour ne plus se rencontrer. L'aîné a lu les guerres de la Vendée; depuis lors il ne rêve que de chouans; du plus loin qu'il entend les pas d'un homme, qu'il aperçoit son profil ou même sa silhouette, il prend un porte-voix, dont il est toujours muni, pour crier au *chouan!* au *chouan!*

Or, voilà qui est vexant pour le modeste citoyen qui n'aime pas à attirer l'attention publique, et qui voit à l'instant mille curieux braquer sur lui leurs lorgnettes.

Le puiné sait mot à mot la sanglante histoire de 93; elle pèse sur lui comme un cauchemar, même pendant la veille. Pour peu que la pensée, la parole, ou le simple geste d'un citoyen dépasse le cercle de promenade qu'il a tracé à la République, une frayeur convulsive le prend, il sonne l'alarme, au nord, au midi, au couchant, à l'orient. Cette manie du prévenu a failli coûter cher à un pauvre diable qui est républicain peut-être exagéré, mais de bonne foi, et dont la mansuétude est tellement connue, qu'il ne verserait pas le sang d'un poulet.

Le cadet, lui, voit des philippistes partout, dans l'armée, dans la garde nationale, dans le peuple, dans la Chambre, dans les condamnés politiques depuis 1830. C'est assez, il me semble, de voir ces incorrigibles réactionnaires où ils sont; c'est fortifier leur parti que de le dire si nombreux, c'est être anti-patriotique.

Le citoyen Misantropomane qui n'est pas fort sur les définitions, appelle jésuite, clerc, aristocrate, quiconque tient à la religion, à la morale, à la République sagement progres-

sive, à l'ordre, à la propriété de ses biens, de
sa femme, de ses enfants. Est-ce pour amener
à la surface de la République l'écume qui
croupit dans les égoûts, et noyer la Patrie dans
ce sale et puant déluge? Est-ce, comme son
nom semblerait l'indiquer, aversion non pour
tous les hommes en général, mais pour quelques-uns en particulier, par exemple, pour
les amis de la propriété, de l'ordre, de la
République sagement progressive, de la morale, de la religion? Vous prononcerez, citoyens jurés.

Quant à l'accusé Tartuffe, il est d'une bi-
zarrerie qui passe toute permission; il se sauve
de frayeur à la vue d'une sœur de charité, et
il regarde une courtisanne sans froncer le
sourcil! Il ne craint rien pour son pays d'un
échappé de prison, mais s'il voit un petit bout
de robe noire monacale, il hurle avec effroi
ce patriotique avertissement : Citoyens, garde
à vous! Ministres, tenez bien vos portefeuilles,
généraux vos épaulettes, magistrats vos échar-
pes, voilà que la bande jésuitique et sacerdo-
tale vient à pas de loup pour vous les prendre.
A-t-il perdu la tête d'épouvante? Je ne puis le
dire. Mais à l'entendre, cette bande est si
nombreuse que tout le monde, hors lui cependant, en fait partie. Depuis qu'il est à l'au-
dience, je l'entends murmurer : Calotin! jésuite! nous appliquant à tous bien entendu
ces épithètes. Ne vous en étonnez pas : les

diables en personnes apparaîtraient dans cette assemblée qu'il répéterait à nous assourdir : A bas les jésuites! à bas les calotins!

Pour vous dire vrai, je suis tenté de croire qu'il joue la comédie. Il appartient à un parti, — Nous le disons une fois pour toutes : par gens de parti, nous n'entendons pas les citoyens honorables qui appuient un système existant, dans l'intérêt de l'ordre, tout en blâmant ses fautes, mais les engoués qui, par des vues égoïstes, le soutiennent même dans ce qu'il fait de pire, — il appartient à un parti qui, pendant 18 ans, nous a jeté de la poudre aux yeux; qui nous envoyait au loin poursuivre des ennemis imaginaires, les ultramontains, les jésuites, tandis qu'il faisait bon marché de notre honneur et de nos écus avec nos ennemis réels; qui nous effrayait de la presse pour nous arracher les lois de septembre, des étrangers pour nous embastiller, de l'émeute pour dépenser nos sueurs en fonds secrets, des prétendus aspirants au monopole de l'instruction pour confirmer dans leurs priviléges les monopoleurs véritables; qui appelait notre attention sur un refus de sépulture, une instruction épiscopale, choses où nous n'avions rien à voir, sur les libertés gallicanes et les articles organiques, dont l'existence importe fort peu au bonheur du peuple; puis, quand nous nous tournions bêtement, je le confesse, du côté qu'il désirait, il se jetait à corps

perdu sur le trésor public, y prenant tant
pour pots-de-vin, tant pour acheter le vote
d'un député, tant pour la voix d'un électeur.
Or, l'accusé ayant été l'âme damnée de ce
parti, peut-être j'ai raison de craindre qu'il
ne fasse le polichinelle dans un but liberticide.

Le Défenseur. Il suffit de considérer tous les
prévenus pour les exempter de culpabilité.
Voyez vous-mêmes; tantôt ils mettent avec
effroi les mains sur leur tête, comme si le
ciel, qui est le toit de notre salle, allait tomber; tantôt ils regardent à leurs pieds avec un
air effrayé, comme si le sol qui nous sert de
plancher, allait crever. Je vois en eux des
hommes à qui la peur ôte le sens, mais je n'y
vois pas de criminels. Je pourrais insister
plus longtemps, mais ce serait aller sur les
brisées du collègue que vous avez associé à
la défense. A vous, Docteur, vous êtes plus
compétent que moi.

Le Médecin. La faculté à laquelle j'ai l'honneur d'appartenir, admet unanimement que la
peur exerce sur le cerveau une influence fatale
au libre arbitre. Ce n'est pas la faute des frères
Braillard s'ils ont un cœur de lièvre en place
d'un cœur d'homme, pourquoi les puniriez-
vous?

J'avoue que l'horreur du citoyen Misantropomane pour tout ce qui est honnête, affecte
péniblement les âmes vertueuses; mais plus
son état est exceptionnel, anormal, moins il

est lui-même responsable de ses actions, moins la justice doit lui en demander compte. Pitié, pitié pour lui, c'est tout le sentiment que vous devez éprouver.

Quant à l'accusé Tartuffe, la bosse de la folie occupant chez lui le rayon que la science assigne à la bosse de la malice, je ne peux déterminer positivement le caractère de sa protubérance; il y a doute, mais le doute doit tourner au profit de l'accusé. Vous pouvez le renvoyer et en même temps pourvoir à votre salut. Le moyen est aisé; faites, ci-toyens, avec lui, comme avec certains indus-triels qui crient au voleur! Quand il jettera un cri d'alarme, qu'il vous signalera un danger, mettez vite les mains dans vos poches et surveillez ses mouvements.

Le Procureur. Je veux bien me désister de toute poursuite à l'égard des accusés de la première catégorie, j'ai hâte d'arriver à ceux de la seconde, les faits qui leur sont repro-chés, ayant à mon avis, une immense gravité. Ce sont des utopistes, je l'avoue, que les ci-toyens Icare, Délesté et Vautour; mais leurs théories sont grandement compromettantes pour le salut de la République. Pour vous en convaincre, M. le Président, daignez les in-terroger.

Le Président au citoyen Icare. Prévenu, vous êtes accusé d'avoir, contre votre intention sans doute, paralysé le commerce et l'industrie.

3

Le citoyen Icare. Je proteste, qu'on me calomnie.

Le Président. Mais vous avez détruit la concurrence et décrété l'égalité des salaires; or, la concurrence n'étant autre chose que l'émulation, et l'émulation qu'une rivalité dans le bien, la rivalité dans le bien qu'un noble effort pour égaler et surpasser un rival, elle est au commerce ce que la vapeur est au wagon. Si vous supprimez la vapeur, vous arrêtez donc le convoi. — L'égalité des salaires, c'est tout simplement une prime accordée à la paresse et à l'inconduite, et par là même la mort de l'industrie qui ne peut rien sans travail, mais si vous payez le lâche et sot ouvrier, comme l'ouvrier intelligent et actif, vous découragez celui-ci, personne n'emploie celui-là et la production s'arrête.

Dans la concurrence de maître à ouvrier, que celui-ci ait un salaire convenable, dans la concurrence de producteur à producteur, que chacun, par la diffusion des capitaux et des instruments du travail, puisse devenir le fruit de ses œuvres ; mais une théorie comme la vôtre paralyse tout ; elle est la ruine du maître et de l'ouvrier.

Le Défenseur. Si le prévenu est arrivé à cette conséquence désastreuse, c'est la faute de sa logique et non de son cœur. Or, le code pénal n'atteint pas les mauvais syllogismes.

Le Médecin, vivement. C'est aussi la faute

d'une maladie de famille. Le prévenu descend
en ligne directe de ce pauvre Icare qui se fit
des ailes de cire pour traverser la mer; or,
le soleil venant à donner, les ailes fondirent
et l'aéronaute se noya. Comment voudriez-
vous que son petit-fils n'eût pas tenté une
entreprise analogue. Mais comme heureusement
pour lui et pour nous, la mort ne s'en est pas
suivie; qu'il a un noble et large front, marque
évidente qu'autrefois une belle intelligence a
logé là, je rendrai sa tête fatiguée à sa vigueur
primitive, en lui prescrivant de penser six
mois durant, comme tous ceux dont la tête se
porte bien.

Le Président. Le tribunal abandonne à vos
soins l'accusé Icare, faites comme vous en-
tendrez, citoyen cérebricure. M. le Procureur
voudrait-il résumer les faits à la charge du
prévenu Délesté.

Le Procureur. Volontiers, M. le Président.
Quand j'étais jeune, mon père qui passait
pour un homme de sens dans notre hameau,
me disait : Auguste, mon garçon, si jamais tu
te trouves dans un pas difficile, conserve ton
sang froid et tu t'en tireras; si tu tombes
dans les mains de la justice ou de la faculté,
prends pour avocat et médecin des hommes
sérieux, réfléchis, à moins que tu veuilles en
finir avec ta fortune et ta vie. Ce que mon
père m'avait dit, mon digne instituteur, mes
amis ne cessaient de me le répéter.

Un Juré. Mais voilà qui est connu, citoyen Procureur ; à défaut de père, d'instituteur et d'amis, la raison est là pour le dire à tout le monde. Où diable voulez-vous en venir !

Le Procureur. Contrairement à tout le monde, le prévenu est d'avis que plus un homme a la tête montée, surmontée, démontée, ou incapable de se conduire, plus il est à même de conduire les autres. Déjà il a fait un essai de sa théorie dans un asile de santé, où il a demeuré quelque temps ; un jour il poussa à la révolte ses compagnons d'infortune ; ceux-ci prirent le gouvernement de la maison, et flanquèrent les gardiens dans les loges. De plus, il agite pour rétablir la confiance, il estime l'émeute favorable au travail, au commerce, à l'industrie, à la circulation de l'argent. C'est la famine que vous nous amenez là, lui crie le peuple. Point du tout, reprend-il, c'est l'abondance. Je crains que ses concitoyens, furieusement irrités contre lui, ne lui fassent une mauvaise affaire. En conséquence, tant pour sa sûreté que pour la nôtre, je vous propose de le condamner à la réclusion.

Le Défenseur. Je ne sais pas trop ce que je pourrais dire en faveur du prévenu ; docteur, venez moi en aide. (On rit.)

Le Médecin. Rien n'indique chez l'accusé une maladie de l'organe cérébral, je la soupçonne cependant, aimant mieux croire à l'aberration de l'esprit qu'à la perversité du cœur. Quoiqu'il en soit, puisque, grâce à Dieu, la République n'a pas détruit et ne détruira pas les couvents, qui peuvent rendre à notre pauvre société des services de plus d'une sorte, envoyez le prévenu faire deux ans de silence chez les Pères de la Trappe. S'il y a de la malice dans son fait, il sera puni par où il a péché; s'il n'y en a pas, le remède sera des plus spécifiques contre sa maladie.

Puisque j'y suis, citoyens, laissez-moi dire un mot en faveur de Vautour, car, ce n'est pas la peine de l'interroger. Comme le cerveau du citoyen Délesté, celui de l'accusé Vautour manque de leste, et perd l'équilibre. Quand un homme a la conception assez faible, le cœur assez étroit, pour ne voir dans le passage de la monarchie à la République que le mouvement d'une balance qui élève la blouse et abaisse tout ce qui n'était pas la blouse ; qu'une farce de spectacle, où chacun change de rôle, où le dépossédant prend la place du dépossédé, et le dépossédé celle du dépossédant ; quand, dis-je, un homme en est à ne regarder comme frères et travailleurs que ceux qui savent manier un outil, et à tenir aux autres ce langage: Prenez mon marteau et ma lime, c'est à mon tour de me reposer; il n'est pas nécessaire d'études spéciales et diagnostiques pour formuler une décision.

Le Procureur. Après les utopistes viennent les hommes des divers partis, agents meneurs;

aboyeurs, exécuteurs. Agents, meneurs d'abord : le premier que je trouve sur la liste, c'est le citoyen Auricole. Il y a longtemps que je connais ce gaillard là, et vous le reconnaîtrez tout aussi bien que moi, si vous me permettez de jeter un coup-d'œil rétrospectif sur les 18 années qui viennent de s'écouler.

Il s'est rencontré en France une caste d'hommes, heureusement peu nombreuse pour la gloire du pays, qui avaient tout à gogo, honneur, plaisirs, richesses, et qui, aux ouvriers demandant du travail, répondaient tantôt par la mitraille comme à Lyon ; tantôt par ces paroles : nous n'avons pas à nous occuper de vous, comme il a été dit à Paris en pleine chambre. En cela, je l'avoue, ils étaient les fidèles disciples du citoyen Voltaire, dont la corporation des charpentiers a brûlé le buste, le 18 mars 1848, parce que dans son épître à Uranie, il avait dit à propos du divin travailleur Jésus :

Longtemps vil ouvrier, un rabot à la main,
Ses beaux jours sont perdus dans ce lâche exercice.

Eh bien ! le prévenu est vendu corps et âme à ces hommes ; imaginez pour lors la rancune qu'il garde à la République, assez osée pour prendre, au moyen d'un impôt mieux proportionné, le trop plein de son escarcelle et diminuer d'autant la charge du pauvre.

Il s'est rencontré, en France, des maudits

de l'Évangile, pleins de mépris pour la religion qui console et élève le peuple, mais en revanche, pleins de zèle à propager les écrits impies et lubriques qui abrutissent l'âme et dessèchent le cœur. Tantôt ils taquinaient ridiculement une pauvre sœur, servante des pauvres; tantôt ils recouraient à n'importe quel moyen, pour déconsidérer le prêtre catholique, dont ils jalousaient la popularité; tantôt ils chassaient de son domicile un maître non breveté, qui s'était mis au service de quelques enfants dépourvus de tout moyen de s'instruire. Jamais ces *heureux* que l'aisance a matérialisés, ne pardonneront aux républicains d'avoir, au plus fort du combat, porté le Christ en triomphe, donné la main aux prêtres, et fait respecter les maisons religieuses. Or, le citoyen Auricole est un de ces heureux; ne comptez pas sur lui.

Il s'est rencontré, en France, des hommes grand faiseurs d'opposition dans les journaux, pour se faire acheter, à la Chambre, pour sauter sur un portefeuille. Ils n'avaient à la bouche que des paroles édifiantes : la patrie avant tout, l'intérêt personnel hors de ligne! mais une fois en selle, cumul d'emplois pour eux-mêmes, bureaux de poste, de tabac, etc., etc. pour leur parenté en ligne ascendante et descendante, collatérale égale et inégale, création d'autant de places qu'ils avaient besoin de se faire de partisans. S'ils menaient le

pays à la banqueroute, ils avaient du moins
la consolation de penser que leur fortune n'a-
vait pas à craindre la faillite. Comme eux,
l'accusé a fait sa balle, et vous voudriez qu'il
prît goût aux maximes de dévoûment profes-
sées par la République!

Il s'est rencontré des hommes qui dégaî-
naient contre de pauvres capucins, et d'hum-
bles trapistes, mais à la vue d'un uniforme
anglais, ils rengaînaient au plus vite. En dé-
dommagement de la compression faite à leur
humeur martiale, ils se mettaient en quête
d'un nouvel ennemi. Paraissait-il une protes-
tation courageuse à l'occasion de l'un ou l'autre
des mille attentats commis par eux contre la
liberté politique et la liberté religieuse? A
Sainte-Pélagie! monsieur l'écrivain; au con-
seil d'État! monsieur l'évêque. C'est ainsi qu'il
nous ont enlevé l'une après l'autre la liberté
de conscience, d'enseignement, de la presse.
Ils guettaient déjà la liberté d'association,
mais comme il y avait par trop de ridicule à
nous défendre de dîner en compagnie, ils sont
tombés sous les coups de nos sifflets et de nos
huées. Or, le prévenu était leur associé, jamais donc il ne sera des nôtres.

Il s'est trouvé, pour notre malheur, un
gouvernement lâche, vénal, despotique dans
un trop grand nombre de ses agents subal-
ternes; connu pour mentir au pays et à l'é-
tranger; un gouvernement, dont les ministres

responsables ont été traduits, les uns devant
l'opinion pour concussion, les autres devant
la justice pour friponnerie; un gouvernement
dont le chef inviolable demandait le denier du
travailleur pour doter sa nombreuse lignée,
et livrait les écus du peuple à l'anglais Prit-
chard, à l'exemple de son parent et devancier,
Charles-le-Gros, qui prenait la bourse des
Francs au lieu de sa flamberge, pour mettre à
la raison les Normands. Eh bien, le citoyen
Auricole était le panégyriste de ce gouvernement. Je ne veux pas dire qu'il tienne aux
princes, aux ministres en fuite, par reconnaissance du bien qu'il en a reçu; si je lui
avais soupçonné cette faiblesse, le mutisme
de ses co-politiques, lors de la discussion sur
le bannissement de la branche cadette, le vote
même de quelques-uns, dit-on, m'aurait tiré
d'erreur. Mais ce qu'il regrette, c'est un
régime en accord avec ses tendances cupides
et absolutistes; aussi il nous jette le gant.
Plié à toutes les roueries d'un homme de cour,
il exploite avec une rare et perfide habileté le
caractère et la forme de certains décrets du
gouvernement provisoire, les actes despotiques de quelques-uns de nos agents, l'échauf-
fourée de Blanqui, le malaise général, fruit
de l'émeute, pour persuader aux simples que
la République est impossible, que c'est la faim
et la mort. Il nous a fait beaucoup de mal, il
espère nous en faire encore plus, il ne s'en
cache pas, il est temps de sévir.

Le Président. Accusé, qu'avez-vous à dire pour votre défense?

L'accusé Auricole. M. le Procureur n'y va pas avec moi de main morte. Nous avons, à-t-il dit, à propos de l'accusé Tartuffe, nous avons fait appel aux instincts mauvais et irréligieux pour ôter les yeux du peuple de dessus nous, nous verrons tantôt si messieurs les Républicains ne feront pas de même, s'ils se contenteront, comme Alcibiade, de couper la queue de leur chien pour occuper l'attention publique. Si je tiens, ainsi qu'il vient de me le reprocher en face, au régime déchu par amour de l'argent et des honneurs, dites-moi si c'est par d'autres motifs que vous tenez à la République. Oui, j'en suis pour un système qui garantit ma tête et ma bourse, plutôt que pour un système dont les chauds partisans sont altérés de ma fortune et de ma vie. (Murmures).

Le Défenseur. Je comprends votre indignation, citoyens jurés, mais je ne la partage pas. Loin de profiter des paroles de l'accusé pour le frapper plus sévèrement, je lui vote des félicitations. Il nous a rendu un service signalé, contre son intention, sans doute, en nous apprenant que bon nombre de citoyens nous étaient antipathiques à cause des fautes commises par quelques-uns des nôtres; car, nous sommerons ces derniers, au nom de la République, de revenir à des sentiments plus modérés, ils nous écouteront, et le monde sera à nous. Merci, citoyen Auricole.

Le Médecin Craniologue. Si le jury hésitait à adopter les conclusions du défenseur, je rappellerais à messieurs les Juges la réputation d'habileté du prévenu. Or, puisqu'il ne voit pas que son parti est impopulaire, que la question qui s'agite n'est pas dynastique mais sociale, qu'il n'y a de salut pour sa tête et de sûreté pour sa bourse, qu'en résolvant le problème de la diffusion du bien-être, donc son intelligence a baissé jusqu'au point de perdre l'instinct de la conservation; donc, par ce motif, il doit être mis hors de cause. (Les Jurés font un signe d'assentiment).

Le Procureur. Parmi les légitimistes arrêtés, j'ai pris sur moi de relâcher les citoyens Fidèle et Crétin. J'avais acquis la preuve que le premier ne se trouvait au milieu des émeutiers que pour les rappeler à l'ordre; il méritait des félicitations. Je ne suis pas, m'a-t-il dit, républicain par système, mais puisque le peuple veut essayer le régime démocratique, j'estime que les honnêtes citoyens doivent lui prêter un loyal concours. Son opinion est que la France se trouverait mieux d'une monarchie constitutionnelle, mais libérale et amie du progrès comme une République, c'est son droit et il n'en abuse pas. Ses affections sont pour Henri V, pour l'exilé, c'est encore son droit. Au reste, il aime encore plus la France que ce

dernier; il ne voudrait point de lui au prix de
la guerre étrangère ou civile, mais seulement
dans le cas où le peuple le redemanderait li-
brement. C'est un homme de conviction et de
cœur qui fait au pays le sacrifice de ses idées
et de ses goûts, c'est un des nôtres. Je l'ai
renvoyé en l'embrassant comme un frère. (Bravos! dans toute la salle.)

Quant à Crétin, son plus grand malheur,
est d'être venu au monde cinq à six siècles
trop tard; sa naissance est un anachronisme.
Jugez-en par ce seul fait : Appelé à servir
dans les rangs de la garde nationale, il avait
fait confectionner un costume militaire du 13°
siècle, jambières en fer, heuses à semelles de
fer, corselet recouvert de bandes de fer, gor-
gerette, braconnière ou jupon, dalmatique
sans manche pour la parade.

Or, il ne peut être de votre temps. Vous
trouvez qu'un souverain unique est de trop,
lui, en voudrait par département autant qu'il y
avait jadis de comtes et de marquis par pro-
vince. Il compare 1848 à 93, à cause de la
ressemblance du nom, la démocratie s'appelant
République, aujourd'hui, comme il y a soixante
ans. Il a retenu certain argument de la force de
celui-ci; la France est trop riche en lieues
carrées, et trop pauvre en dévoûment, pour
former une République, et il crie à qui veut
l'entendre : Çà ne tiendra pas, la carte du pays
est trop grande et son cœur trop petit. Il a

découvert que les républiques anciennes sont tombées, et il en conclut que la nôtre pourrait ne pas aller jusqu'à la fin du monde. Il a appris d'Olivarius, confrère de Nostradamus, la nouvelle suivante : Les fils de Brutus se battront les uns contre les autres, ils resteront tous sur le carreau, et le *petit* aura la place libre, c'est pour cela qu'il n'est pas mort, et il répète : voilà pourquoi il vit encore. (Hilarité.)

Je ne sais qui s'est amusé à lui dire : Déjà les provinces se fédéralisent, voyez et entendez! Crétin ne voyait rien et n'entendait rien, mais il croyait entendre et voir. Nous ressemblons à un malade en fièvre, continuait le même farceur; encore cinq ou si bonnes crises, la France sera sur les dents et rappellera le *petit*. L'accusé n'aime pas les crises, mais quand il en venait une, il s'écriait : Tant mieux! une de moins à subir! Il a semé l'alarme chez des gens religieux, à cause de quelques abus commis dans certaines localités; mais en cela il n'était que l'écho d'un de ces roués habiles à mettre en sûreté leur tête précieuse, et qui, d'après la rumeur générale, faisait de la religion dans tout autre but que pour l'amour d'icelle, la religion étant placée dans ses affections aussi bas que le peuple.

Pour me résumer en peu de mots : le prévenu est si simple, si simple que je n'aurais pas eu le courage de le traduire à votre barre.

Le Médecin, *vivement*. C'est vrai! c'est vrai! j'ai ausculté le cerveau de Crétin; il sonne creux à faire compassion. (Rire prolongé).

Le Procureur. Je n'ai pas été aussi indulgent envers le citoyen Prude. Celui-ci a fait quelques études, il passe pour sage, il a beaucoup de confiance en lui-même, trois motifs pour lesquels je l'ai cité à comparaître devant vous.

Le Président. Copie de la plainte vous a été communiquée, accusé Prude; si vous avez quelque chose à dire pour votre justification, vous pouvez vous lever.

L'accusé Prude, *avec un air content de lui-même*. Me voilà de bout! citoyen Président. (On rit.)

Le Président. Eh bien parlez.

L'accusé Prude. Sur quoi? (On rit plus fort.)

Le Président. Trois choses principales vous sont reprochées : 1° Vous contestez la légitimité de la République. Vous devez savoir mieux qu'un autre, puisque vous avez étudié, qu'en droit le pouvoir a été accordé de Dieu à la société et non à un individu; qu'en fait, tout gouvernement monarchiste, constitutionnel, républicain, vient du peuple.

L'Accusé. Je n'ai jamais lu cela, mon Président, quand j'étudiais ni depuis. Quand j'étudiais, j'épelais assez facilement les mots, mais j'avais bien des maux pour les comprendre. Ça m'a ôté le goût des livres; aussi je n'en tiens plus guère; pourtant, comme il faut être de son siècle, un de mes amis, surnommé Perruque, à cause de sa grande expérience, m'apprend à voir, à penser. C'est plus aisé et plus vite fait que de voir et de penser par soi-même. Il m'a dit qu'un royaume était la propriété du roi, un marquisat la propriété du marquis, et en voyant rois et marquis par terre, j'ai crié au communisme. (Bruyante gaîté.)

Le Président. Voici qui est bien plus grave. Vous avez troublé les consciences timides, en condamnant la République, au nom de la religion; en insinuant que nos prêtres, nos évêques, nos écrivains religieux, ceux de l'Ère nouvelle, notamment, le Pape lui-même, étaient hors de la voie, et que celui-ci ne tarderait pas à porter la peine de ses tendances libérales. Or, un croyant, comme vous paraissez l'être, peut-il ignorer que le Christianisme fait dériver le pouvoir du peuple à qui Dieu l'a conféré, qu'il ne réprouve aucune forme de gouvernement, qu'il est l'ami de la liberté, non-seulement par ses principes, mais par ses œuvres, ayant toujours travaillé pour elle.

L'accusé Prude. Ma foi; je ne pensais pas dire du mal, M. le Président. C'est encore l'ami Perruque qui me donnait pour des carbonari les approbateurs du Pape, par pensée, parole, souscription ou autrement. Ça me ré-

pugnait tout de même à croire, mais il ajou-
tait : c'est un homme comme toi, après tout
que le Pape, citoyen Prude, il peut se trom-
per, il se trompe, et il s'en repentira plus
tard, tu verras. Et je lui répondais : diable!
s'il allait être enfoncé, ce serait drôle! Prude
et Perruque auraient mieux vu que le chef de
l'Église. Nous n'aurions pas voulu, moi du
moins, qu'il arrivât malheur au Pape pour
nous donner raison. (Rire général.)

Le Président. Je ne puis admettre vos ex-
cuses, citoyen Prude. Si vous aviez réfléchi,
vous ne vous seriez pas rangé avec les ratio-
nalistes, les protestants, les *Débats* et autres
de même force, pour proclamer que le catho-
licisme est opposé à la liberté; ni avec les partisans de l'absolutisme, pour proclamer le systême du bon plaisir, sous le règne duquel il
y a eu vingt schismes pour un dans une République, et qui n'offre pas autant de garantie
à l'objet sacré de vos affections, que l'ordre
nouveau ayant pour devise cette triple maxime
évangélique : Liberté, Fraternité, Égalité.

L'Accusé, avec un ton plaisant d'indignation.
En reconnaissant la République, je m'enga-
geais à reconnaître toutes ses fautes, si elle
en faisait; or, ma conscience était là. Deman-
dez plutôt à Perruque mon conseiller intime.
(Hilarité.)

Le Président. Accusé, je vous croyais plus
de compréhension. En obéissant pour le bien

de l'ordre, à un gouvernement établi, quel qu'il soit, personne, ni républicain, ni monarchiste n'entend être tenu de se soumettre à ses prescriptions injustes. — On vous reproche, en troisième lieu, de vous fourrer partout, de vous mêler de tout, d'intriguer partout, de prendre un air de commandement en tout et vis-à-vis de tous. Je vous en parle dans le seul intérêt des mœurs républicaines que nous tenons à former.

Le Prévenu. C'est par bon cœur, M. le Président. Et puis, il faut bien se rendre un peu populaire, cela donne du relief, on est content de soi. (Rires.)

Le Président. Mais en République, chacun doit rester sur son terrain. Ne voyez-vous pas que vous circonvenez les citoyens, que vous pouvez, en maintes circonstances, influer sur leur détermination, et attenter, sans le vouloir, à leur liberté.

Le Prévenu. Oh! je n'influence en rien, M. le Président. Les citoyens, pour leur malheur, ne m'écoutent guère; s'ils font semblant d'abord de goûter ce que je leur dis, quand j'ai tourné le pied, ils me tournent le dos. (Rires.)

Le Président. Votre naïveté me ferait pencher vers l'indulgence, sans les études que vous avez faites, la sagesse que vous professez et la présomption dont on vous accuse.

Le Défenseur. Il n'est pas besoin d'un grand

déploiement de forces oratoires pour détruire les trois motifs de condamnation sur lesquels s'appuient MM. le Président et le Procureur.

Prude a étudié, dites-vous? cela prouve qu'il a été en voie de savoir et non pas qu'il ait su ; et quand il aurait appris quelque chose, ce qu'il a appris a bien pu disparaître, comme il vous l'a fait entendre, sous l'oxide du *far niente*, la rouille de l'oisiveté. Au surplus, pour étudier avec fruit, il faut posséder un instrument à l'aide duquel nous comparons, nous discernons et concluons ; or, cet instrument manque à l'accusé. Il confond tout, la République et l'anarchie, l'ordre et la licence, les améliorations et les détériorations sociales. Parce que dans un incendie, on a surpris un homme qui volait, il infère que tout le monde était là dans un même dessein. Parceque il y a eu des révolutions sans motifs, il ne pardonne pas aux cavaliers célestes d'être venus au secours de Judas Macchabée, révolté contre Antiochus, ce souverain légitime des juifs, et c'est à peine s'il ne semonce pas Jéhova d'avoir opéré le prodige. Le bon Dieu ne lui en veut pas, j'en réponds, et vous lui en voudriez! L'œil de l'âme lui fait défaut et vous puniriez un aveugle!

Il est sage, ajoutez-vous. Tant mieux! car avec le peu de sens qu'il a, il serait dangereux à enfermer, si le principe spirituel n'avait pas de l'empire sur lui. Que craignez-vous? Qu'il

ne déconsidère par sa niaise simplicité le principe qu'il professe? Non, il ne déconsidère
que sa tête. Chacun sait bien que tout soldat
ne peut pas être un Napoléon, tout orateur un
Lamartine, tout croyant un Pie IX.

Le Procureur. Au moins un homme qui ne
voit pas à se conduire, devrait-il écouter ses
chefs; cette obligation est encore plus étroite
pour le sage que pour un autre.

Le Défenseur. Je réponds au ministère public, qu'il y a un rapport intime entre le nerf
optique et le nerf auditif; d'où il suit, que
celui qui ne voit rien, n'entend rien, ou ne
comprend rien, ce qui est synonime. En vain
ses chefs, les hommes célèbres de sa croyance,
le peuple lui-même, lui répéteront, à s'enrouer, que la République, avec ses maximes
de liberté, de fraternité, d'égalité, est la
bonne sœur de l'Évangile, il se signera, non
point à vous indigner, si vous êtes sage, mais
à vous faire rire.

Le Procureur. Mais je ne comprends pas
qu'un homme sage ait tant de confiance en lui.

Le Défenseur. C'est précisément ce qui nous
donne la mesure de sa capacité, laquelle est
en raison inverse de la dose que l'on croit en
avoir. Plus il s'imagine supérieur aux vastes
têtes, plus il montre l'infériorité de la sienne,
et établit ses droits à un verdict d'acquittement.

Le prévenu, continuez-vous, jouit d'une
certaine influence, soit par son âge, soit par

quelques qualités, soit par un autre motif.
Lui-même vous a fait entendre, sans souci de
son amour-propre, la nullité de l'influence
qu'il exerce. Quant à moi, je ne crains rien
pour le salut de la République du citoyen
Prude; j'en atteste ses antécédents. Il aime les
malheureux, il en a pitié, il les soulage; son
opposition, si c'en est une, ne vient ni de
mauvais vouloir, car il n'a pas d'opinion à lui;
ni de cupidité, une partie de boston, un *a
parte* de conversation avec le premier venu,
et n'importe sur quoi, suffisant à ses jouissances intellectuelles et physiques. L'esprit est
malade chez lui, mais le cœur est sain. Sem-
blable à un bon vieux papa, pour qui ses fils
quinquagénaires sont encore des mineurs, et
qui les croit perdus quand ils manifestent une
velléité d'agir en hommes; le citoyen Prude
croit que nous courons à un abîme en courant
à l'émancipation, il nous gronde d'importance,
mais par amour pour nous.

Je vais vous faire comprendre cette nature
là par un exemple bien simple. Vous êtes allés
quelquefois en diligence et vous y avez fermé
et ouvert les yeux, n'est-ce pas? Or, quand
vous les ouvriez, la voiture vous paraissait
aller en avant, quand vous les fermiez, elle
vous semblait retourner en arrière. Eh bien,
l'intelligence du prévenu étant à l'état de sommeil, il prend notre mouvement en avant pour
un mouvement de recul. Autre exemple : Une

poule qui a couvé des œufs de canne, crie, commé une perdue, quand elle voit ses petits à l'eau, parce qu'elle ne connait pas leur instinct. Prude qui ne soupçonne pas le notre, mais qui nous aime, fait le vacarme en nous voyant embarqués sur le fleuve du progrès. Mais ne nous inquiétons pas de ses cris, et comme les petits canards, poursuivons joyeusement notre navigation.

Le Président. Le défenseur ayant fait tomber l'accusation, il est inutile d'interroger le docteur, il parlera cependant, s'il le veut, en manière de supplément.

Le Médecin. Devant Dieu et les hommes, en mon âme et conscience, sur mon honneur, je déclare avoir palpé, lorgné le cerveau du prévenu, et je n'ai trouvé ni de l'œil ni du doigt le tubercule que le docteur Gall nous donne pour le signe de l'intelligence. (De toutes parts, renvoyez, renvoyez la tête plate.)

Le Procureur. A vrai dire, je ne sais sous quel drapeau ranger le citoyen Guillotino-Lâtre. Il tient du républicain, il tient du despote, c'est un amphibie. Il flétrit les mendiants d'honneurs et d'emplois, et il se pousse, il se hisse, il cherche à intimider par sa langue et sa plume, pour arriver aux uns et aux autres. Il dit de la République : C'est moi, moi dont les idées doivent être suivies, les désirs prévaloir ; et cela sans aucun souvenir des injures qu'il a jetées à la face de Louis XIV, pour s'être servi de la même expression. Il réclame une liberté illimitée pour ses opinions, et quand il s'agit de ses adversaires politiques, il se pose envers eux comme un autocrate, aux petits pieds, et il irait bien vite à la taille de sa majesté Nicolas, s'il avait des cosaques à son service. Ecoutez-le : qui a de l'intelligence, excepté lui ; du patriotisme, si ce n'est lui, ou ceux qui lui tendront la main, quand ils seront parvenus? Il ne parle que de générosité et de grandeur d'âme, mais s'il est en veine de civisme, il vous dénonce au public, par des motifs dont souvent son cœur seul a le secret, et il ne lâche prise qu'après vous avoir enlevé votre emploi et votre popularité.

Personne n'a été plus difficile que l'accusé sur le choix des fonctionnaires du peuple, sous le double rapport de la capacité et de la qualité ; savez-vous où il en est aujourd'hui sur cette question? Il suffit, à l'entendre, qu'un homme ait mal fait sa fortune particulière pour bien faire la fortune publique ; voilà pour la capacité. Quant à la probité, il ne l'exclut pas il est vrai, mais il ne l'exige pas. Il refuserait de confier nos écus à un homme riche par cela seul qu'il est riche, mais il les confierait sans crainte au pauvre, par cela seul qu'il est pauvre ; ce qui revient à dire, quand on ne parle pas de conscience, que plus une sangsue est pleine, plus elle mord,

plus elle est affamée, moins elle est avide.
Enfin, il a combattu pour renverser l'écha-
faud politique, il travaille aujourd'hui à le
redresser, non pas, il est vrai, pour son usage
personnel. C'est un malheur que le citoyen
Guillotino-Lâtre arbore nos couleurs, il nous
discrédite auprès du peuple, qui croira bientôt
que libéraux et absolutistes s'entendent pour
l'amuser avec des promesses. Je vous propose donc, sinon de le punir à la rigueur, du
moins de déclarer qu'il n'a rien de commun
avec nous. Cela servira à sauver notre honneur républicain.

Le Défenseur. Vous êtes trop sévère dans
vos conclusions, citoyen Procureur. Je connais des libéraux fort honorables qui vou-
draient retirer le droit électoral aux citoyens
ne sachant ni lire ni écrire; qui préféreraient
les élections par arrondissement, où les courtiers ont beau jeu, aux élections par canton,
désespérantes pour l'intrigue; qui demandent
la fermeture des petits séminaires, au nom de
la liberté des cultes, le renvoi des frères au
nom de la liberté d'enseignement, la dissolu-
tion des jésuites, en tant que corps, au nom
de la liberté d'association, leur expulsion de
France, au nom de la liberté individuelle. J'en
connais d'autres également honorables qui
reconnaissent à quelques-uns le droit de tirer
à balle sur la garde nationale, et refusent à
celle-ci le droit de se défendre. Or, j'avoue

qu'au point de vue de la logique, tout cela ne s'accorde ni avec nos idées de liberté, ni avec les paroles antécédentes des citoyens susdits, mais je ne saurais pour autant suspecter ni leur cœur, ni leur intention. Pourquoi ne penseriez-vous pas aussi favorablement de l'accusé Guillotino-Lâtre? Le zèle, la peur de rester en deça l'a fait aller au-delà ; et comme malheureusement, les extrêmes se touchent, il est arrivé à donner la main aux despotes qu'il menaçait du pied.

Le Médecin pourrait peut-être nous donner la raison physiologique de ces mutations que le vulgaire appelle un revirement.

Le Médecin. Sans doute, citoyen Défenseur. Quand la substance cérébrale est trop molle, ou manque de consistance, il reçoit de quart-d'heure en quart-d'heure les impressions les plus opposées. C'est une girouette, sur une tige trop huilée, qui, à la moindre brise, tourne du nord au midi, et du midi au nord. Or, qu'une girouette occupe le toit d'une maison ou couronne la charpente d'un homme, c'est la faute du vent qui souffle et non point de l'être humain ou ferblanc qui pirouette. Ne sachant par quel moyen fixer le prévenu, sans lui donner pourtant la raideur d'un poteau, je l'abandonne à sa mobilité, ainsi qu'à l'indulgence du jury, qui ne lui fera pas défaut, attendu que l'air peut changer demain, et l'accusé se retourner de notre côté. (L'assemblée approuve et rit.)

Le Procureur. Outre les agents meneurs, nous avons encore les agents aboyeurs, les citoyens Philippe-Phile, Blanc et Zoïle. Comme si l'on vendait la France à l'encan, ils font les fonctions d'héraults et de crieurs, proclamant chacun de son côté, la mise à prix offerte par le parti qu'il représente. Quoique divisés d'intérêt, ils s'entendent pour décrier systématiquement, les hommes et le régime actuels; ils n'ont pas assez d'injures à l'adresse des citoyens à qui ils prodiguaient, il y a à peine deux mois, les épithètes de sauveurs de la patrie. Je n'aurais fait aucune attention à eux, si par le désordre de leurs paroles, ils n'étaient pas venus en aide au désordre de la rue.

Le Défenseur. Je suis loin d'approuver les prévenus, mais ils n'ont pas un mauvais fonds. Comme des enfants qui rient aux larmes, en faisant un tintamare d'enfer avec des caisses et des chaudrons, il suffit au bonheur des accusés qu'on ne s'entende plus. On apaise un moutard tapageur, en ne faisant pas attention à lui; n'écoutez pas les citoyens incriminés quand ils parlent, ne les lisez pas s'ils écrivent, et ils rentreront dans le calme.

Le Médecin. D'après les faits articulés, les prévenus appartiennent à un parti; or, l'esprit de parti touche à l'idiotisme, l'idiotisme à la folie; ainsi donc passez outre.

Le Procureur. Je ne puis y consentir à l'é-

4

gard de l'accusé Zoïle. Si j'osais parler de religion, après la citoyenne Modèle, je vous dirais, moi profane, qu'au rebours du despotisme gouvernant par la force, la République s'adresse aux sentiments généreux de ses enfants, c'est-à-dire, à la conscience, mère des nobles idées. Or, un État républicain n'a pas plus de droit qu'un État monarchiste de faire appel à la conscience, tous les hommes étant égaux. Si donc vous laissez anéantir la religion qui seule a ce droit, la République, contre son inclination et sa nature, est forcée de recourir au frein des despotes, à la force qui ne comprime que les abus patents et qui n'obtient qu'une soumission momentanée. Eh bien, le prévenu verse à flots le ridicule et le mépris sur les représentants du culte et de la morale, il détruit la religion et sape la République par sa base.

Un Juré. Zoïle attaque des hommes seulement.

Le Procureur. Oui, pour atteindre le principe, comme un malfaiteur frappe la justice sur le dos des magistrats. Si Zoïle était un de ces impies corrigés par la femme Modèle, un de ces hommes placés au dernier rang de l'échelle humaine, tout près de l'échelle animale, il n'y aurait pas à s'occuper de lui. Naturellement un individu appartenant à la lie de la population déteste les gens honnêtes et sympathise avec les sales ; on ne lui en veut pas plus pour cela qu'on en veut à un ruminant de piétiner dans la fange; on lui pardonne ses blasphêmes ignorants, comme on pardonne au quadrupède stupide qui ne distingue pas une église de sa pauvre écurie. Mais le prévenu est instruit, il est capable, il est sans excuse.

Le même Juré. Si Zoïle a calomnié, ou si, ayant dit vrai, il a manqué à la politesse française, à la fraternité républicaine, admonestez-le, je ne m'y oppose pas. Mais s'il a fustigé les représentants du culte à propos des élections, où ils auraient dû ne pas paraître, ni y intriguer, ni y apporter des noms peu populaires, l'accusé a bien mérité de son pays. (Mouvement.)

Le Procureur. Je suis très-aise que le citoyen Juré me fournisse l'occasion de dire un mot sur une question qu'il a soulevée et qui est étrangère aux débats.

Non, le clergé n'a pas eu tort d'aller aux élections; on l'y a invité, s'il s'était abstenu, il aurait passé pour bouder la République. D'ailleurs la Charte étant à bas, il était naturel que le principe religieux fût sauvegardé dans la nouvelle constitution; mais pour cela, il devait être représenté dans la Chambre et par conséquent dans les élections. Quand cette raison majeure ne subsistera plus, quand surtout il s'agira d'élections pour des intérêts de localité, le clergé, je vous le jure, sera des premiers à abdiquer son droit. Je l'en félicite;

plus il sera l'homme de Dieu, plus il sera celui du peuple.

Les informations que j'ai été chargé de faire sur une grande échelle, me mettent en mesure de prononcer en toute connaissance de cause. Je certifie donc 1°, non pas que les choix faits par le clergé aient toujours été républicains, chacun n'ayant pas une sonde pour tâter le cœur des candidats; mais du moins que ces choix ont été républicains dans sa pensée et dans son désir.

Je certifie 2°, que le clergé s'est contenté de répondre à ceux qui le consultaient : prenez des hommes à idées républicaines et aux sentiments généreux.

Je certifie 3°, qu'il est resté en deça plutôt que d'être allé au-delà du droit qu'il avait, comme tout autre, d'éclairer les consciences.

Quelques-uns sans doute, quoique en petit nombre, ont été moins réservés, et cependant ils l'ont été beaucoup plus que leurs accusateurs. Cela ne m'étonne pas. Un lâche soldat ne m'empêche point de crier : Vive l'armée! ni un garde national émeutier: vive la milice citoyenne! ni un juge indélicat: vive la magistrature! ni un quasi-prêtre : vive le clergé.

Je certifie enfin, que, dans toute l'étendue de la France, il n'y a eu aucun prêtre parmi les citoyens accusés justement d'avoir parcouru les cantons en courtiers, élevé des fabriques de billets en face de la salle des votes, renversé l'urne électorale, empêché certains citoyens d'exercer leur droit, etc., etc. Je ne suis pas un dévot, vous le savez, mais à l'exemple de mon ami Cormenin, je me mets au service de tous les opprimés, calomniés ou autres. (Bravos prolongés.)

Revenons au prévenu à qui je reproche non quelques propos à raison des élections, mais des paroles injustes, atroces, lâches contre les représentants de la morale et du culte; je conclus à une répression sévère au moins dans l'intérêt du public.

Le Défenseur. Quant au public, rassurez-vous. Plus Zoïle s'est emporté en outrages de mauvais lieu, moins il a obtenu créance. S'il y a un peuple qui se moque des moqueurs de sa foi religieuse et politique, c'est le nôtre.

Le Médecin. L'accusé étant descendu au-dessous du sauvage et du barbare qui estiment la religion, sa tête est à l'état fossile; la géologie peut s'emparer de lui, mais non la justice.

Le Procureur. Mais il y a chez lui une sorte de rage, de frénésie contre tout objet religieux et vous ne le puniriez pas?

Le Médecin. Non, c'est une affaire des nerfs, chez le citoyen Zoïle, je vais vous le démontrer. Vous avez un caniche là à côté de vous, citoyen Procureur, et bien, quand on sonne la messe, les vêpres ou la procession, il hurle à faire pitié, tant la cloche lui fait mal au tympan. Or, soit dit sans offenser le prévenu, car jamais comparaison n'est adéquate, tout objet religieux, moral, qui frappe ses yeux ou son oreille, lui fait mal aussi. Voilà tout. (Bruyante hilarité.)

Le Procureur. Pour abréger cette séance déjà trop longue, et ne pas attenter, en temps de République, au sommeil des Jurés, passons aux accusés de la catégorie exécutante, tous coupables de voies de fait plus ou moins graves. Sous le prétexte que nous sommes en temps de liberté, le citoyen Toutpourmoi qui est en société avec des camarades de sa profession, leur ferme la porte de l'église, où ils se plaisent, et va lui-même où bon lui semble, au café, au spectacle, sans qu'ils l'en empêchent. Sous prétexte d'égalité, il prend sur les bénéfices communs, la moitié où il lui revient un quart; sous prétexte de fraternité, il prétend au droit d'aînesse, à raison de son patriotisme et de sa capacité, il fait main-basse sur les biens et les droits politiques de ses cadets, et s'en constitue une sorte de majorat. Ne serait-il pas à propos de l'envoyer passer un quartier d'hiver au milieu des Bédouins et des Turcs, il y aurait entre eux et lui entente cordiale.

Le Médecin. Quand un homme entend par fraternité celle de Caïn qui tua Abel, des fils de Jacob qui vendirent Joseph; par Liberté, le pouvoir de tout entreprendre impunément contre autrui; par Égalité, la faculté de faire un monde moral, impossible, comme un monde physique sans vallées ni montagnes, ni accidents de terrain, évidemment il a perdu la jouissance de ses facultés: Au lieu de le déporter en pays absolutiste, où il achèverait de s'abrutir, je veux qu'il reste parmi nous, pour sa guérison ou sa conversion. Si l'on guérit par la musique certains maux de tête, par analogie on peut guérir le prévenu par la suave harmonie de nos mœurs. Que le citoyen Procureur ne s'étonne pas de l'égoïsme du citoyen Toutpourmoi, la folie n'est autre chose qu'un développement anormal de l'intérêt privé ou du moi; développement anormal que vous auriez pu soupçonner à la seule inspection de l'œil du prévenu, lequel est à tout moment sur le point de sortir de sa cavité, comme si une taupe le poussait par derrière. (On rit.)

Le Procureur. C'est dérisoire, Docteur, qu'une pareille justification.

Le Médecin. Non pas, je vous prie, tout part du cerveau, n'est-ce pas? Plus la conduite du prévenu est excentrique, plus donc sa tête est malade, plus....

Le Procureur de la République. Ici, je vous arrête; sortez l'accusé de la question de la politique, en tant qu'elle ne se confond pas avec son intérêt, il est des plus sensés.

Le Médecin. Son affection maladive ne se

portant que sur un objet, c'est précisément ce qu'on appelle une monomanie, qui descend en ligne directe de l'aliénation.

Le Procureur de la République. Mais il persévère depuis longtemps dans cette disposi-dépravée.

Le Médecin. Parce que la monomanie est arrivée à l'état chronique.

Le Procureur. Va pour la monomanie chronique! C'est pour le plus si le Docteur ne trouvera pas le moyen d'arracher à la justice l'accusé Serval. Celui-ci s'est porté à des brutalités envers des gens qui, par leur âge, leur sexe, ou leur état ne peuvent se défendre. Il a bouleversé les maisons religieuses où l'on instruit gratuitement le pauvre, où on lui donne de l'ouvrage et des secours de toutes sortes; il est allé, tantôt en brigand, muni d'une pique et d'un bâton; tantôt en soldat, armé d'un fusil et d'un sabre, chasser de son domicile un pauvre prêtre appartenant au peuple par sa naissance, par sa vie, par son labeur, par ses parents défunts, qui ont, dans les batailles, mêlé leur sang à celui du peuple, par ses parents survivants qui votent, paient et soutiennent l'ordre avec le peuple. Emporté et mielleux tour à tour, il est digne de son homonyme.

Le Défenseur. Je n'aime ni les fanatiques, ni les patelins. Défendra Serval qui voudra, j'y renonce.

Le Docteur. Pour moi, je déteste les lâches, mi-fous ou archi-fous, n'importe. Mais j'ai horreur des punitions sévères; contentez-vous de lui faire les-cornes au nom du libéralisme, du courage et de l'honneur français.

Le Président, sur qui se jette l'accusé Partageons. Oh! oh! que me veut ce furieux!

L'Huissier dégageant le Président. Vous prendre votre habit, digne Président, en attendant qu'il vous prenne votre femme et vos écus. C'est un socialiste, il prétend à la moitié ni plus ni moins de ce que vous possédez; seulement il ne prendra aucune part ni à vos travaux, ni à vos dettes, par compensation. (Grande hilarité.)

Le Procureur. Gardes nationaux, conduisez l'accusé en prison. Qu'en pensez-vous de celui-là, docteur? Au moins vous le saignerez.

Le Médecin. En République, citoyen procureur, la faculté a horreur de la lancette; il n'y a que les émeutiers et les bouchers qui saignent. Je ne prétends pas que vous relachiez le prévenu; mais seulement que vous le traitiez avec douceur, après lui avoir mis la camisole de force; c'est un excellent moyen thérapeutique.

Le Président. Citoyens jurés, gardes nationaux et assistants, Citoyennes mariées déjà, ou à marier, remarquez comme nous progressons à pas de géant. Sur une quinzaine d'accusés, nous n'avons pas porté une seule condamnation dont puisse gémir l'humanité. Voilà qui promet pour l'avenir.

Cependant, ne soyons pas de ces exaltés qu'attendent de la République plus qu'elle ne peut donner; qui la pressent l'épée dans les reins pour reconstruire, comme si c'était aussi aisé que de jeter bas; qui veulent jouir de suite, tandis que nos modèles, les héros de février, n'ont recueilli que la mort pour leur compte personnel. C'est une sainte cause que celle de la République, or toute sainte cause a ses martyrs; soyons donc des martyrs de patience, de travail, de dévouement. Quand nos sacrifices ne devraient profiter qu'à ceux qui viendront après nous, ce sera toujours pour notre bénéfice, puisque ce sera celui de nos enfants.

Au nom de la République, venez-lui en aide par votre amour d'une franche liberté. Vous voulez sur votre table un poulet le vendredi, souffrez que votre voisin se contente d'un œuf; vous voulez passer le dimanche à la chasse, souffrez qu'il le passe à l'église; vous faites votre barbe trois fois par semaine, souffrez qu'il adopte la barbe de capucin. Vous vous réunissez à dix, à vingt, à trente, pour chanter, banqueter, et danser la Polka, et vous empêcheriez vos concitoyens de s'assembler pour travailler, jeûner et chanter les louanges de Dieu! Vous reconnaissez à une jeune fille la triste liberté de se consacrer au vice, et

vous lui contesteriez le droit de se consacrer
au Seigneur! Vous entendez que les catholi-
ques paient au budget pour l'entretien de l'o-
péra où vous allez et où ils ne vont pas, puis
vous ne paieriez pas au budget pour le service
des temples où vous ne mettez pas les pieds;
mais où ils se plaisent! vous seriez des jon-
gleurs, mille fois plus méprisables que les
plus méprisables despotes, puisque vous auriez en sus l'hypocrisie à vous reprocher.

Citoyens, l'Europe est là qui nous regarde,
le sarcasme aux lèvres, le sifflet à la main;
elle augure mal de notre libéralisme et de
notre dévouement, gardons-nous de lui donner
raison, tenons bon nos têtes, pour qu'elles ne
sautent ni d'égoïsme, ni d'absolutisme, ni
d'immoralité, ni d'impiété; car nous ferions
sauter en l'air la République et nous saute-
rions avec elle. Non, messieurs, les souve-
rains de la sainte alliance, nous ne vous
préparons pas cette gorge chaude, nous serons vos maîtres en fait d'ordre, de libéralisme, de dévouement, de morale, de religion,
comme nous le serons encore sur le champ
de bataille, quand le cœur vous en dira. Vive
la République!

Tous se donnent la main, s'embrassent et
répètent avec enthousiasme : Vive la République!

Un citoyen en s'en allant : Voilà ce qu'on
appelle s'amuser! On ne dénoue pas les cor-

dons de sa bourse, on n'a pas mal à la tête le lendemain, et la besogne ne reste pas en arrière. Ajoutons que la pauvre femme ne pleureniche pas de chagrin, ni les petits de misère. Vive la République !

Un autre citoyen. Cet enragé de Démocrite, à quoi il s'est avisé de penser !

Le citoyen Démocrite. Peuple mon frère, assez de gens t'ont fait pleurer, j'ai voulu te faire rire. La présente chronique n'étant à autre fin, Dieu te garde !

Salut, Fraternité et au revoir !

Le citoyen DÉMOCRITE,
rouge coquelicot

DOLE, IMP. DE PRUDONT.